LE DEVOIR

DEVANT

LA PATRIE NAUFRAGÉE

CE QUE DOIT ÊTRE LA RÉVOLUTION POLITIQUE
ET ÉCONOMIQUE

PRIX : 50 CENTIMES

N. B. — *Tous les bénéfices de la vente de cette brochure sont destinés à fonder des magasins coopératifs au profit des classes laborieuses.*

PARIS
ASSOCIATION GÉNÉRALE TYPOGRAPHIQUE
BERTHELEMY ET Cᵉ
19, RUE DU FAUBOURG-SAINT-DENIS, 19

1871

LE DEVOIR

DEVANT

LA PATRIE NAUFRAGÉE

CE QUE DOIT ÊTRE LA RÉVOLUTION POLITIQUE ET ÉCONOMIQUE

I

A nos Concitoyens,

L'adversité nous a fait fléchir sous de cruelles épreuves. Sa coupe a débordé de crimes et de malheurs!... Encore, est-ce la fin?

Devant ce passé et ce présent maudits, convient-il, à cette heure de deuil national, de nous immobiliser dans notre douleur, au lieu de réagir, avec toute l'énergie de notre intelligence, contre les horreurs et les désastres qui ont meurtri si profondément notre patrie tant aimée? Non!... non!...

Jurons tous, alors, citoyens, de la rendre à l'admiration des Peuples!...

Pour accomplir cette noble tâche, fortifions nos courages, élevons nos âmes vers la Justice, unissons-nous dans un saint amour de fraternité!.... Et, non pas demain, mais sur l'heure, agissons pour conjurer à jamais le retour du vandalisme et préparer des bases indestructibles à la moralité sociale.

Apportons avec dévouement et notre savoir, et nos bras et nos capitaux à la Patrie, si, dans un avenir prochain, nous voulons qu'elle soit forte d'unc nouvelle jeunesse et pure des souillures du passé !

A l'œuvre, donc!... mais surtout que l'unique but de nos aspirations et de nos efforts soit pour une France régénérée et puissante par la droiture républicaine.

Sacrifions sans réserve à l'intérêt général : cet égoïsme de tous pour le bien-être de chacun.

Arrachons ce qui reste d'abus jusqu'aux extrèmes racines; afin que, désormais, la Justice, principe et loi, soit une vérité parmi nous.

Employons les grands et honnêtes moyens pour produire les grandes et nobles choses. C'est ainsi que nous rendrons notre chère patrie plus digne. encore, du mandat humanitaire qu'elle revendique.

II

Mais, quels sont ces moyens ?

Si nous voulons combler, promptement, les désastres que la guerre a brutalement et ignominieusement accumulés sur la France, et donner à son mécanisme social des assises solides et inaltérables, il faut que par des réformes politiques et économiques salutaires, nous sachions provoquer et utiliser toutes les forces vives de l'agriculture et de l'industrie.

Il faut que, de plus, nous sachions faire régner la Justice entre le Travail et le Capital : ces deux agents essentiels de la production et de la civilisation.

N'oublions pas que de leur bonne entente, seulement, sortira la nouvelle puissance de la France; car ils en sont l'âme et le corps, la vie et le progrès.

Comme il est incontestable que toute force sociale émane de ces sources vraies de la production, les réformes devront avoir pour but :

« La simplification constitutionnelle et administrative;

« Le dégrèvement de tous impôts et charges qui pèsent, sans utilité, sur l'Agriculture, l'Industrie, le Travail et le Capital;

« Et, enfin, de faire disparaître les entraves de toute nature qui nuisent à leur action bienfaisante. »

Ces réformes sont indispensables et urgentes, parce que pour produire la plus grande somme de *capital*, il faut que le Travail puisse penser et agir librement.

Le capital, remarquons-le bien, c'est le *produit utile* qui, sous des formes variées, entretient les forces du producteur et les augmente, souvent, dans des proportions miraculeuses.

Il faut donc, et nous ne saurions trop le répéter, que le Travail et le Capital soient émancipés, protégés et encouragés, pour qu'ils accomplissent, sans trouble, leurs fonctions sociales et donnent leurs meilleurs fruits.

Cherchons, alors, quelles sont les réformes politiques et économiques qui peuvent nous conduire à ce résultat?

C'est ce que nous allons faire sommairement dans les pages qui vont suivre.

III

CONSTITUTION, GOUVERNEMENT

La science politique, la politique vraie, la seule bonne, n'a qu'un but : l'intérêt des peuples; une seule règle : la Justice.

C'est parce que l'intérêt des peuples et la Justice ont été méconnus que notre patrie gémit, en ce moment, sous de cruels affronts et des désastres inouïs et incalculables.

Que l'éloquente leçon de nos malheurs nous rende, à l'avenir, prudents et prévoyants!

Faisons une Constitution et donnons-nous un gouvernement, qui soient, ensemble, la représentation claire, correcte, des forces vives du pays, et le guide sûr de ses intérêts et de la Justice.

Cherchons le simple, évitons les nombreux rouages qui absorbent, inutilement, et sont autant de forces perdues. — Comme l'ingénieur-constructeur, tâchons, avec le moins de dépense possible, de donner la plus grande somme d'effet utile au pays.

*
* *

La Constitution d'un peuple libre doit être simple et immuable comme une loi de la nature. Nous la trouvons écrite dans ces trois mots, trois idées grandes, qui sont les vrais principes de la vie sociale : *Justice, Travail, Liberté.*

Le Travail et la Liberté, guidés par la Justice : c'est là tout l'esprit de la Constitution d'un peuple libre.

Nous comprenons tous ce que signifie Travail vrai, Liberté vraie.

Mais, qu'est-ce que la Justice?

A notre sens, c'est la règle morale qui conduit le fort à protéger le faible, et à lui rendre le mandat social plus facile; c'est cette règle qui nous entraîne à faire le bien et nous guide vers tout ce qui est beau dans la société et dans l'humanité.

*
* *

Le Gouvernement, c'est la puissance exécutive du peuple. — Quel est son mandat?

Il a le devoir de veiller sur la Constitution, et de rechercher, avec une sollicitude paternelle, tous les moyens qui peuvent en développer les bienfaits.

Foyer de lumière et de morale avant tout, sa direction administrative doit être simple, sans complication aucune, afin de laisser au Travail toute son activité productive.

Voici comment nous voudrions que le mécanisme administratif des intérêts du pays fût compris :

Une Chambre unique;

Un Ministère, unique, de l'agriculture.

DIRECTIONS DÉPENDANTES DE CE MINISTÈRE

La direction de l'agriculture et de l'industrie;

La direction de l'instruction publique et des beaux-arts;

La direction des travaux publics et du commerce;

La direction des affaires étrangères, de la marine et des colonies;

La direction des finances et des assurances générales;

La direction de la guerre;

La direction de la justice.

⁂

Chaque direction est représentée par un comité de cinq membres.

⁂

Le ministre de l'agriculture est chef du pouvoir exécutif.

⁂

Les présidents des comités de direction forment le conseil de ce pouvoir.

*
* *

Les décrets du Pouvoir exécutif ne sont valables que lorsqu'ils sont contresignés par tous les membres du Conseil.

*
* *

Le chef du pouvoir exécutif et son conseil sont responsables.

*
* *

La Chambre nomme et révoque le Pouvoir exécutif et les membres des comités.

*
* *

Les emplois dans la hiérarchie administrative sont donnés au concours.

*
* *

La commune reste le principe politique et économique de la division territoriale de la France.

Les communes se groupent par département.

La commune est libre.

Elle administre ses intérêts par les soins d'un Conseil municipal nommé par le suffrage universel.

L'Etat ne peut intervenir dans son administration, ni directement, ni indirectement, dès qu'elle a satisfait aux lois d'intérêt général du pays.

La Justice communale et intercommunale est déférée au jury.

Elle est gratuite.

Les membres qui composent le jury sont pris dans les Conseils municipaux, et désignés par le tirage au sort.

Tous les citoyens sont soldats à partir de vingt et un ans révolus jusqu'à cinquante.

Ils doivent, sans distinction, leur sang pour la défense de la Patrie.

⁂

Cette dernière disposition arme et mobilise quarante mille communes, et rend inutiles ces forteresses de pierre qui ont servi l'ennemi contre le courage, la liberté et l'honneur de la France.

⁂

La loi électorale.

Dans la crise terrible que nous traversons, le suffrage universel s'impose, plus que jamais, comme la clef de voûte de l'édifice social.

De son application faussée et viciée, il en résulte un affaiblissement moral et physique de la société jusqu'à sa ruine.... Tel est le tableau navrant que nous avons, en ce moment, sous les yeux.

Il importe, donc, que la loi électorale, et cela est d'une nécessité absolue, mette à même chaque électeur de choisir, avec une certitude, pour ainsi dire mathématique, ses mandataires parmi les citoyens les plus honnêtes et les plus éclairés.

Le vote direct, employé, aujourd'hui, dans le suffrage universel, tout le monde le reconnaît, est un obstacle matériel aux bonnes conditions de l'élection.

On obvierait, ce nous semble, dans une certaine mesure, aux inconvénients les plus graves en apportant à la loi actuelle quelques simples modifications que nous résumerons ainsi :

***

« La France nomme un représentant par vingt mille électeurs.

***

« Tout citoyen français est électeur à l'âge de vingt et un ans révolus.

***

« Il est éligible à trente-cinq.

***

« L'élection est à deux degrés.

*
* *

« Par groupe de cinq cents électeurs, la commune nomme un mandataire, chargé de déterminer l'élection des candidats à la représentation nationale.

*
* *

« Lorsque le groupe communal compte un effectif moindre de cinq cents électeurs, et supérieur à cent cinquante, chaque fraction nomme un mandataire.

*
* *

« Dans le cas où la fraction est inférieure à cent cinquante électeurs : alors, ces derniers se confondent pour le vote avec le groupe communal le plus voisin.

*
* *

« Les électeurs du deuxième degré se réunissent, huit jours après leur nomination, dans la ville la plus centrale du département, pour procéder à l'examen et au choix des candidats.

*
* *

« Ce dernier travail se fait pendant les trois jours qui précèdent le scrutin.

*
* *

« Les candidats doivent être électeurs au deuxième degré.

*
* *

« Le vote est secret et a lieu au scrutin de liste.

*
* *

« Les candidats, pour être élus, doivent réunir, comme minimum, les deux tiers des voix des mandataires communaux.

*
* *

« Le vote est obligatoire.

*
* *

« Par chaque période de trois années, les représentants sont soumis à la réélection.

*
* *

« Ils peuvent toujours être réélus. »

Les mandataires communaux sont nommés pour la durée de la période législative.

Ils se réunissent tous les trois mois en Assemblée générale pour discuter les affaires communes au département et à l'État.

Ils peuvent, toujours, se réunir extraordinairement.

*
* *

Les mandataires communaux réunis en Assemblée générale ont le droit de retirer, avant la fin de la période législative, le mandat de représentant à celui à qui il a été confié. Mais, dans ce cas, il leur est interdit de procéder à une nouvelle nomination avant l'époque des élections générales.

*
* *

Les communes sont mises en rapport direct avec le gouvernement, au moyen d'une délégation permanente choisie par le vote dans les Assemblées générales des mandataires communaux.

Cette délégation siége dans la ville où se fait l'élection des représentants à l'Assemblée nationale.

IV

RÉFORMES ÉCONOMIQUES

L'économie sociale, science et art, provoque dans l'application les résultats suivants :

« Elle stimule, accroît, dirige et répartit les forces productives d'un pays, afin de donner au peuple la plus grande somme de bien-être possible. »

En ce moment critique, tous nos regards doivent se porter sur l'agriculture et l'industrie, forces vitales de la patrie. C'est à ces sources que nous trouverons la puissance nécessaire pour réédifier ; mais à la condition que la science s'appliquera avec honnêteté dans toutes ses conséquences.

Les réformes économiques, ou progrès social, doivent être radicales, si nous voulons combler, promptement, nos immenses désastres et donner au travail intelligent la place et l'honneur qu'il mérite.

Il faut que ces réformes puissent, largement, émanciper, protéger, encourager l'agriculture et l'industrie.

Pour gagner cette glorieuse victoire, nous devons avec une ardeur constante, opiniâtre, exiger de nos représentants qu'ils abordent, résolûment, ces importantes questions.

C'est dans leur solution, sachons-le bien, que la France trouvera la stabilité définitive, l'équilibre de ses forces, la prospérité vraie et sa grandeur future.

Nous savons comment nos forces et nos richesses ont été gaspillées. En outre, il nous est surabondamment prouvé qu'il n'y a entre les intérêts aucune cohésion morale ni sociale, et que ces intérêts se repoussent au lieu de s'unir. De ces faits nous pouvons conclure qu'il faut trouver cette loi d'affinité et d'attraction des intérêts, qui, seule, fera de notre chère patrie une République puissante : Une et indivisible.

Où trouverons-nous cette loi ?... Dans l'équité. Alors allons à elle sans arrière-pensée.

Comment émanciper, protéger et encourager l'agriculture et l'industrie?

Voici, ce nous semble, les moyens :

1° Abolition de tous les impôts directs et indirects en vigueur. — Si nous voulons la circulation libre de tous les capitaux : terres, immeubles, produits de toute nature, etc.

2° Réduction des frais et charges de l'État aux services publics, dont l'utilité est prouvée.

3° Les frais et charges de l'État et des communes sont prélevés sur les bénéfices du commerce.

A cet effet, des magasins généraux sont créés pour la vente en gros et en détail des produits français et étrangers.

Ces magasins sont en nombre suffisant pour la bonne et intelligente distribution des produits.

Ils sont les banquiers et les Compagnies d'assurances naturels de l'agriculture et de l'industrie.

Nul producteur ou fabricant ne peut vendre ses produits que par les soins de ces établissements.

Ils sont placés sous le contrôle immédiat de l'État et des Conseils municipaux.

*
* *

Par ce mode de perception l'impôt est unique. — Son assiette est équitable, puisqu'elle est proportionnée à la valeur de la consommation individuelle.

Et, par l'application, tous les consommateurs deviennent commerçants et sociétaires.

*
* *

4° Assurances générales :

Elles sont gratuites contre la perte des capitaux confiés aux entreprises et travaux d'intérêt général.

Elles sont gratuites contre le chômage, les maladies, les infirmités et la vieillesse, pour tous les citoyens qui se seront approvisionnés aux magasins généraux, ci-dessus indiqués.

Les indemnités ont pour base la quotité des achats faits par les consommateurs.

*
* *

5° Les assurances généralisées font disparaître tous les risques de perte ou d'amoindrissement du capital épargné.

En conséquence, la rente, qui, sous ses formes diverses (intérêts, fermages, loyers, etc., etc.),... pèse sur l'agriculture, l'industrie, le travail et le capital,... est abolie.

L'emprunteur, le fermier, le locataire, ne doivent que le remboursement de la valeur prêtée.

Les époques de remboursement sont fixées de gré à gré entre le prêteur et l'emprunteur.

Le service rendu par l'emprunteur au prêteur est celui-ci : — pendant que le prêteur se repose, l'emprunteur travaille pour reproduire les capitaux qui se consomment ou se perdent.

5° Organisation d'un large crédit aux communes, aux associations coopératives agricoles et industrielles.

***

6° Instruction primaire, professionnelle, scientifique et sociale, gratuite et obligatoire, pour les deux sexes, jusqu'à vingt ans révolus.

V

ABOLITION DU PRIVILÉGE COMMMERCIAL

Par les moyens économiques qui précèdent, nous nous sommes attaché à faire disparaître, surtout, les conséquences iniques du privilége commercial. — A nos yeux, c'est un de ceux qui entachent le plus la moralité sociale, et nuisent davantage aux intérêts, si précieux, de notre agriculture et de nos industries.

Dans cette économie nouvelle, nous rappelons le commmerce à la pratique de l'équité : — principe et loi indéniables des rapports sociaux.

La raison commerciale, placée dans notre engrenage, ne s'égare plus. — Alors le commerçant use, mais n'abuse plus; il moralise, car il devient le commis honnnête, intègre, de la production et de la consommation; il en est bien le trait-d'union; il en est, aussi, le dispensateur économe, puisqu'il a définitivement compris l'art de vendre selon la sagesse de la science.

La triste et affligeante leçon que des marchands de produits alimentaires et autres nous ont donnée, pendant le siége de Paris, serait de nature à nous faire admettre que le commerce n'est point une des forces organiques d'une nation, mais un dissolvant social, et qu'il importe de s'y soustraire.

On pourrait citer à l'appui de notre assertion cette sauvage cupidité qui portait à vendre cinquante centimes ce qui n'en valait que cinq, et cent francs, ce qui n'en valait que vingt. Il y a eu même des actes bien plus scandaleux; mais, par respect pour la justice, laissons-les sous le boisseau.

Il est certain que le commerce, ainsi qu'il est pratiqué par la généralité des spéculateurs, paralyse et vicie toutes les sources vives de la production par son avidité désordonnée pour le gain.

Et notons que le prix de ses services tend constamment à s'élever. — Mais, pourquoi? — Ces services se limitent, cependant, à une fonction matérielle bien simple que voici :

« Diviser les produits, et les livrer à la consommation. »

Qu'est-ce que cette fonction, si nous la comparons à celle, si complexe, si ardue, et toujours aléatoire, des producteurs? — Bien peu de chose.

En opposant l'utilité des fonctions du commerçant et du producteur, nous avons été conduit à rechercher s'il ne serait pas équitable, en nous appuyant sur l'intérêt général, de soulager les producteurs et les consommateurs des impôts énormes prélevés, annuellement, sur eux par le commerce.

Il est évident qu'il serait juste d'empêcher cet agent des échanges d'arracher à l'agriculture et à l'industrie par des trafics de toute nature, et par ruse et par fraude, des capitaux immenses qui leur seraient si profitables.

Ce serait, à coup sûr, un grand bien de nous émanciper des étreintes du despotisme commercial.

Les faits surabondent pour le prouver. A ce sujet, il est à propos de faire connaître et ressortir le chiffre phénoménal des bénéfices du commerce.

Dans les temps réguliers, les statistiques établissent que la valeur des produits vendus à la consommation personnelle s'élève à quinze milliards de francs environ.

Le coût de ces produits est de sept milliards cinq cents millions.

Différence entre l'achat aux producteurs et la vente aux consommateurs : sept milliards cinq cents millions.

Une maison de commerce, qui procède avec une prévoyance intelligente, compte pour ses frais et non-valeurs, sept pour cent, au maximum, sur le chiffre des ventes.

Si nous prenons ce *quantum* pour base des frais du commerce général de la France, nous trouvons que les frais de distribution ne doivent coûter à la production qu'*un milliard cinquante millions*.

Retranchons maintenant des bénéfices bruts, s'élevant à 7,500,000,000

Les frais et non-valeurs. . . . 1,050,000,000

Les bénéfices nets annuels du commerce sont de. 6,450,000,000

Six milliards quatre cent cinquante millions.

Ces chiffres ont-ils besoin de commentaires, surtout dans la crise effroyable que nous traversons?

* * *

Producteurs et consommateurs, nous voilà face à face avec un fait monstrueux; qu'allons-nous décider?

Mais, ne comprendrons-nous pas que ces bénéfices incroyables peuvent payer :

Les frais de la guerre;

Les frais et charges de l'État;

Les frais et charges des communes;

L'éducation et l'instruction de nos enfants;

Des retraites à nos infirmes et à nos vieillards?

Mais, encore, que ces bénéfices nous permettent d'ouvrir un champ vaste aux expériences de la science pour toutes les applications utiles?

Ne comprendrons-nous pas que, s'abritant sous l'égide de la liberté, un despotisme ruineux s'est dressé formidable contre toutes les sources vives de la patrie? — Eh bien! au nom de cette même liberté, sachons abattre ce despotisme.

La réforme économique nouvelle (art. IV) nous rend tous commerçants. Le privilége tombe devant l'équité. Aurons-nous le courage d'en poursuivre l'application?

*
* *

Trop convaincu que le privilége commercial porte une atteinte grave, profonde, au principe d'équité économique et de solidarité sociale, nous essayâmes, dès mil huit cent cinquante-huit, de le combattre par une application financière qui devait nous conduire au résultat suivant :

« *Faire profiter les consommateurs de tous les*
« *bénéfices nets de la vente des produits au pro-*
« *rata des achats.* »

Diverses publications éditées avec la collaboration d'écrivains distingués : les citoyens Armand Audoy, Victor Borie, Adrien Hébrard, Pierre Joigneaux, Auguste Luchet, etc., etc., en propagèrent l'idée sous ses avantages agricoles, industriels et sociaux.

Malheureusement, l'inexpérience commerciale des producteurs et des consommateurs, et la nouveauté audacieuse de l'application, contribuèrent à limiter le cercle de l'expérience et des bons résultats.

Mais, aujourd'hui, que les événements ont parlé, que tous les intérêts de la France sont compromis, il nous a semblé qu'il était de notre devoir de revenir sur une application qui, généralisée dans le domaine social, donnerait à l'Agriculture, à l'Industrie, au Travail et au Capital, toute leur puissance et toute leur activité.

*
* *

La France, demain, sera tout entière républicaine, et, malgré l'ignorance et malgré la mauvaise foi, et malgré les ambitions personnelles, si la République lui apporte un bien immédiat, palpable, se comprenant sans démonstration : un bien que tous les yeux puissent voir et toutes les mains toucher !

Ce bien est, principalement, dans l'abolition du privilége commercial. — Abolissons-le donc ! La France républicaine aura trouvé le point d'attraction universelle... et, dès lors, nous verrons tomber toutes les barrières qui s'opposent au bien-être et à l'amitié des peuples.

VI

CONCLUSICNS

En économie agricole, il y a un principe qui n'est jamais méconnu par les agriculteurs de profession, c'est qu'il faut rendre à la terre tout ce que la plante lui a pris. Si l'on néglige ce devoir, la terre s'épuise et devient stérile.

Il en est de même dans l'ordre social. Lorsqu'on enlève aux classes laborieuses la plus grande partie du produit de leur travail, il en résulte un affaiblissement permanent dans les forces reproductives nécessaires à l'agriculture et à l'industrie.

Ces deux arbres de vie donnent moins de fruits : et leurs fruits sont de moindre qualité.

L'impuissance sociale, que la France subit, résulte. évidemment, de ce qu'on a faussé la loi d'économie naturelle.

En effet, on a multiplié les rouages improductifs à l'infini : — et ces rouages ont absorbé tout ce que la nation avait de vitalité intellectuelle, morale et physique. De là, notre ruine.

Pour trouver le remède au mal, il faut rentrer dans l'économie de la loi naturelle. — C'est ce que nous avons cherché en faisant disparaître toutes les charges inutiles, en brisant les entraves. en réduisant et simplifiant les rouages aux proportions de l'utile.

Si, nos législateurs républicains entrent dans cette voie, le temps est proche où la patrie sera grande sans mirage, et où le peuple pourra jouir de la Justice humanitaire, qui est celle-ci :

A chacun le fruit de son travail.

Équité dans la solidarité.

Dévouement envers les faibles.

JOSEPH PIOCHE.

Paris, mars 1871.

N. B. Tous les bénéfices de la vente de cette brochure sont destinés à fonder des magasins coopératifs au profit des classes laborieuses.

1180 Paris. — Assoc. générale typogr., Faub.-St-Denis, 19
BERTHELEMY ET Cie

www.ingramcontent.com/pod-product-compliance
Ingram Content Group UK Ltd.
Pitfield, Milton Keynes, MK11 3LW, UK
UKHW032037260826
14628UKWH00007B/3006

9 782011 770103